Ausencias

Armando Noguez Lomas

Editorial
DON JUAN DE AMIEL
"El placer de la razón impresa"

AUSENCIAS

Autor: © **Armando Noguez Lomas**

Editorial/Imprenta:
Don Juan De Amiel E.I.R.L.
Impreso en el Perú en septiembre 2018
en:
RUC: 20601185394
C. Islas Scorpio Mza. I Lte. 12B-Las Brisas de Naranjal-I Etapa-San Martín de Porres-Lima
Teléfono: +51 1 992328121 (whatsapp)

Portada: **Armando Noguez Lomas**
Primera Edición, septiembre 2018

Tiraje: 500 ejemplares

Hecho el Depósito Legal en la Biblioteca Nacional del Perú N°: 2018-14601

ISBN:

Fecha de Publicación: octubre 2018

Y no es la ausencia la que duele en realidad

son las marcas que llevamos en la piel

con tanta fuerza

que no dejan respirar

con tanta fuerza

como un acto criminal.

José Manuel Aguilera

Silencios

Es que yo he visto muertos,
y sólo ellos son la muerte,
y eso, de veras, ya no importa.

Jaime Sabines

Patria

A tu paso camina un pueblo de sombras:
soledad y piedras lo habitan.

soles de marzo ausentes
desde febrero
ya nada crece, nada es
sino continuo silencio

Dios es impreciso
La muerte se llama como tú
y lleva en las manos tu rostro
        te atrapó en el juego
de morder aquel silencio
sin saber
que entraría para siempre
en tu boca
de donde caen las migas
con que se alimentan las palomas
        con que se cimenta un puente
a la palabra:
río sacro en espera de luz

Leticia

Tu magia
sigue entre los tonos
del anochecer

tu corazón late
desde los mundos
en que existimos

nuestro encuentro
aguarda silente
detrás de un muro
de tiempo

Espíritus

Parir el sol
como si en tus ojos naciera el mundo
          como si el calor de tu piel
cobijara nuestros abriles frutales

parir como la tierra en flor
tu andar disimulado al viento
como si tus pasos rompieran el suelo
y cosecharan vuelos de ave

tu voz como luz roza la tarde
pinta un futuro de paz
en el horizonte
que ahora parece no tan lejano

Niño

De la ventana al cielo mide tu sombra
silencio y luz la atraviesan
y vive de lunas
y vive en mi pecho
y mis ojos se visten de ella
y de ella estoy hecho desde mi sangre

tú tienes estrellas arriba
y yo sólo una en mi mano
y tu sombra las une
y tu sombra es tan tibia como tu mano

tu tiempo como los lirios
que crecen mientras mis pies
siguen tus pasos

la lluvia
ha caído sobre tus pasos
y desde sus huellas perpetuas
un sol se evapora

Destinos

pero no hay más que caminar, escribir sobre las inmundicias,

el derrumbe, las heridas y mucho sobre el amor,

esa es la mezcla, si los asesinos no duermen

no debo hacer esperar al silencio

Pedro Salvador Ale

PRIMERA BIOGRAFÍA

Se llamaba Jaime
el hombre que me dio el espíritu
y nací un día de su muerte
en el umbral de alguna
primavera

mi refugio es el aire
sus diferentes alas
tanto arriba
como a ras de suelo
conozco del amor
sus nombres y siluetas

mas sé que nunca
he de alcanzar la entraña

mis pétalos abren
a la vista del mundo
mas no soy la verdad

llevo mariposas en los huesos
y el miedo hace nido
en mi estómago
aun así he tenido que pelear
mediar la fuerza de mi pecho
y siempre con la cara al sol

no amanezco derrotado
ni me venzo ante la noche
más amarga

digo muerte
no para arrancar hojas
del árbol
o el reloj avance
hacia mi última hora
digo renacer

Mi Generación

Tenemos lodo por palabras
y navegamos imposibles vidas
elegimos ser —y somos— aurora marchita
refugio de sombras

descubrimos la existencia
de otros cuerpos
          decidimos reclamarlos
elevar la voz
habitarlos uno a uno
sin descanso

nos deslizamos a través de cruces
y desiertos
sin temor al abandono

viejos lobos
más hambrientos que los tiempos
y más ciegos que la luna llena

nos volvimos puros de repente
espontáneos
conocedores de la vida
andantes

entre nubes
departimos sobre el cosmos
nos hacemos buenos de a poquito
no obstante
es lodo lo que cae a tus pies
hablamos a nivel del suelo
somos más tierra que hombres
          aún sin sospecharlo.

Penúltima Muerte

He muerto
desde aquí
desde mi espíritu
desde las ganas de abrazar mi carne

desde mi cráneo vacío
vacío mi alma anunciada muerta

díganlo al mundo:
me hallo muerto
Dios no vino a salvarme
la muerte sonríe
mas no me lleva

la gente pregunta si mi madre
sabe
si mi padre me ha visto
tendido en el suelo

si mi amor murió en tus ojos
si tus ojos lloraron mi muerte
si la muerte bailó contigo
si la viste
si morimos juntos
he muerto sin pena
¿cómo ha de doler
la propia muerte en la inconsciencia?
si mi tumba está cavada en aire
si el aire poco a poco me abandona
          si quizás mañana
como un Lázaro arrepentido
habré de levantarme al desayuno

Estación

Confundido alejado de miradas
de este mundo
despido el tren de los deseos
y nostalgias

un ave corta el cielo:
pasado y este día
brillan bajo el sol

tus ojos heridos
se tienden a lo incierto
            se desprenden de mis manos
y el poema en mi boca canta
para un amor

Regreso

Después de destruir el mundo
o haberme dado por perdido
vuelvo como noche
a pintar tejados de este barrio viejo

un poeta canta
a las orillas del amor
y yo que todo este tiempo
quise hablarte
he venido a hacerme
con sus versos

El Hombre Se Enamora

El hombre se enamora
y tiene miedo:
el amor es una bomba
que podría estallarle en los ojos

debería mover mi corazón
fuera del pecho
piensa
cuando menos
hacer una hendidura
para echarlo a prisa
cuando ya no sirva

Se enamora en
agigantados pasos
y las fuerzas no le alcanzan
la voluntad ya no le alcanza
la sonrisa de Paola es
corazón de luz en su pecho
El hombre se enamora

y mira el sol sin deslumbrarse:
el hombre enamorado
—hay que saberlo—
brilla un poco más que el sol

Soledad

Debí saber que desprenderse
estaba lejos de cualquier caída

que no rodearse no era olvido
sino movimiento

debí saber
que soledad es el encuentro
aquel camino en el que vamos todos

El Mejor Amigo Del Tiempo

Pareciera que
este tiempo corre detrás de otros
siempre inseguro
como un niño perdido en el
supermercado

no se oyen sus gritos de auxilio
solo blande la espada el segundero
y apaga algún recuerdo
en la memoria de esta senil
            desmejorada vida

pareciera tener alas
mas no sabe de vuelos

carcomido su plumaje
va sin rumbo
¿quién lo habrá inventado?
¿quién sería tan cruel?
nunca he platicado con el tiempo

me gustaría saber
si ha visto alguna luna llena
sobre el lago aquél
o si alguna vez ha sonreído

si tiene amigos
quiero ser el más cercano
el que pueda ver su rostro

le contaría que la gente lo odia
como al ritmo acelerado de sus pasos

sería un hipócrita
también le pediría —por salvarme —
que se olvide para siempre
de mi cumpleaños
        que detenga mis arrugas
que guarde el brillo de mis ojos
que no traiga la muerte
        que no me haga daño

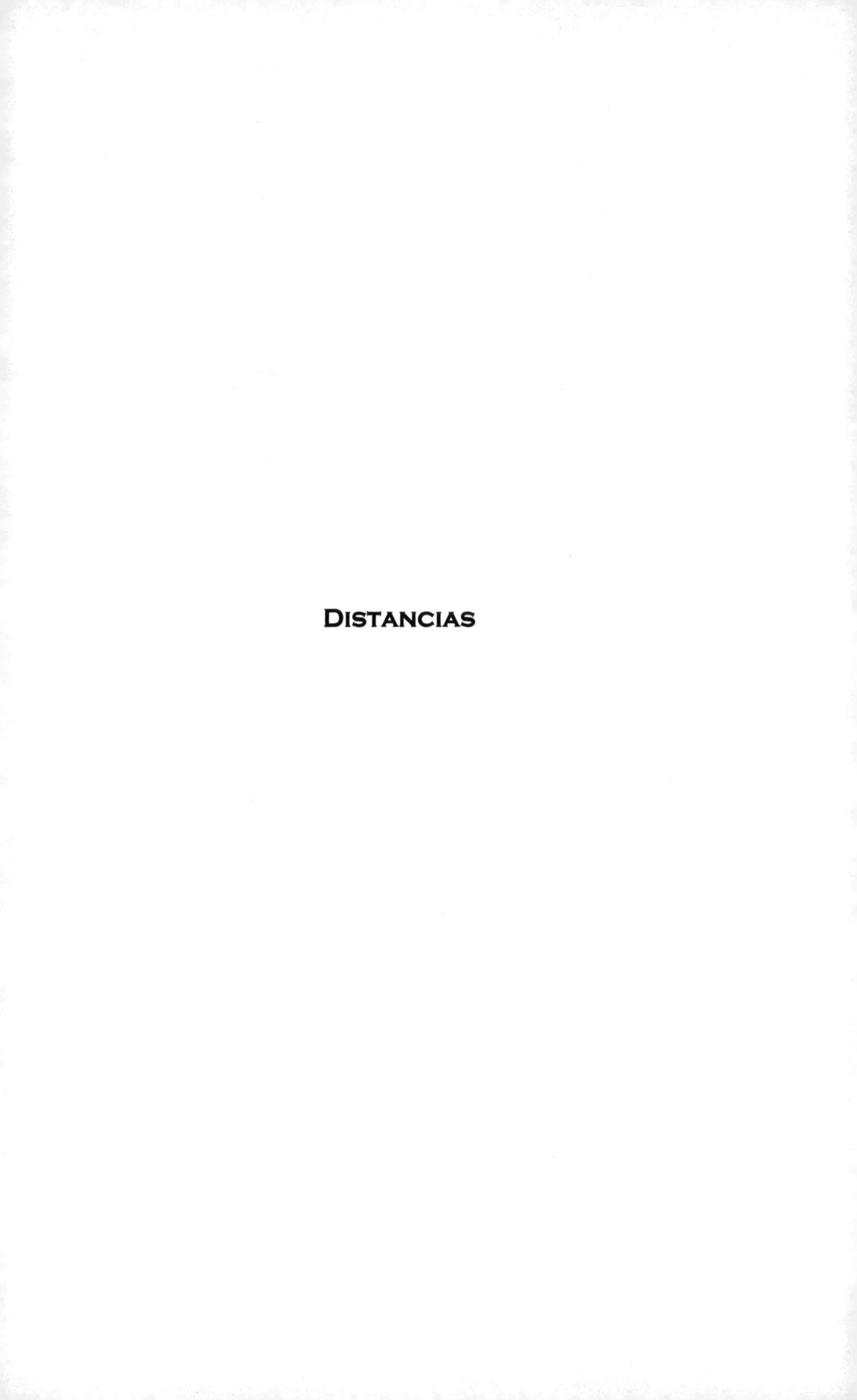

Distancias

Hay una distancia que se extiende entre los dos

y es esa distancia la que intento disolver,

hasta que puedas ver mis manos en tus sueños,

hasta que puedas ver mi sombra...

José Manuel Aguilera

Distancias

Qué tan cerca y qué tan lejos te hayas
que es el viento quien viene a susurrar
tu nombre

si tu sonrisa se traduce en ausencia
si tus manos guardan el fantasma
que engaña a mis suspiros

qué tan cerca y qué tan lejos
de éste que te habla
que no encuentra
un responsable de sus ojos
que se aúna con el horizonte
que busca el tono de tu piel
en el ocaso

qué tan lejos va tu vida de la mía
y qué tan cerca está mi muerte
si el beso de las once
no ha llegado con tu aliento

si el abrazo de este día
va extraviado hacia el olvido

si tus pasos sin ninguna prisa
pueden ir contrariamente
a mi recuerdo

A Media Tinta

Pienso en ti
con el aire hecho cal en los pulmones, con tus fotos
y un soplete disparándome a los ojos; con el ama a
media tinta, con la lengua muerta tras los dientes
asesinos.
Fuiste templo, me inventé en tu piel, me sembré en
tus uñas, dormí en tus labios.

Pienso en ti a media noche,
a medio día, a medio cielo, a medio infierno.
Debo ser suicida o condenado; estar hambriento,
necio y hasta loco: lo mismo pido un beso tuyo que
una bala entre los ojos.

Pienso en ti con la mano de la muerte sobre los
labios, como una tristeza colgada del espejo. Pienso
en ti a media vida, a media luna, a medio sol, a
media piel y el medio corazón que regalaste.
Te pienso a media tinta: la otra parte seguirá siendo
mi sangre.

Me Piensas Y Te Pienso

Me piensas al tiempo que oras
como si arrancaras una estrella
y la guardaras en tu mano

piensas que seré eterno
y pienso que te has acabado
mis besos incineran
tu costado mas no reparas en ello

somos condenados
y creemos poseer el tiempo
sin tener más que
estos corazones necios
nos engañamos: frente al espejo
eres un cometa sin destino

y yo sólo crecí lo suficiente

para seguir siendo parte de tu cielo

Deberías Saber

Te ausentas
te escondes

no me dejas verte
ahora que te he mostrado
la noche

deberías saber
que no podré soñarte siempre
que entre una pestaña
y la otra
también se acotan espacios
que correr no es huir
sino perderte si olvidas
mirarte en el espejo del cielo

Deberías saber
que no escribiré siempre
manos vacías
que iré a buscar

poemas bajo tu piel
que habré de ensayarte
a diez cuartillas
con veinte
treinta
mil introducciones
a fin de hacerte un cuerpo fiel
y no hallar más conclusión
que el infinito
donde la luna engendra
esta marea que somos

deberías saber también
que las estrellas
temieron el lago
mas hoy sus algas
iluminan infinitamente
cuando el sol
sale en busca
de otros mares

ÍNDICE

www.ingramcontent.com/pod-product-compliance
Lightning Source LLC
LaVergne TN
LVHW041522190726
843491LV00009B/2860

* 9 7 8 6 1 2 4 8 2 6 8 0 1 *